HF401402

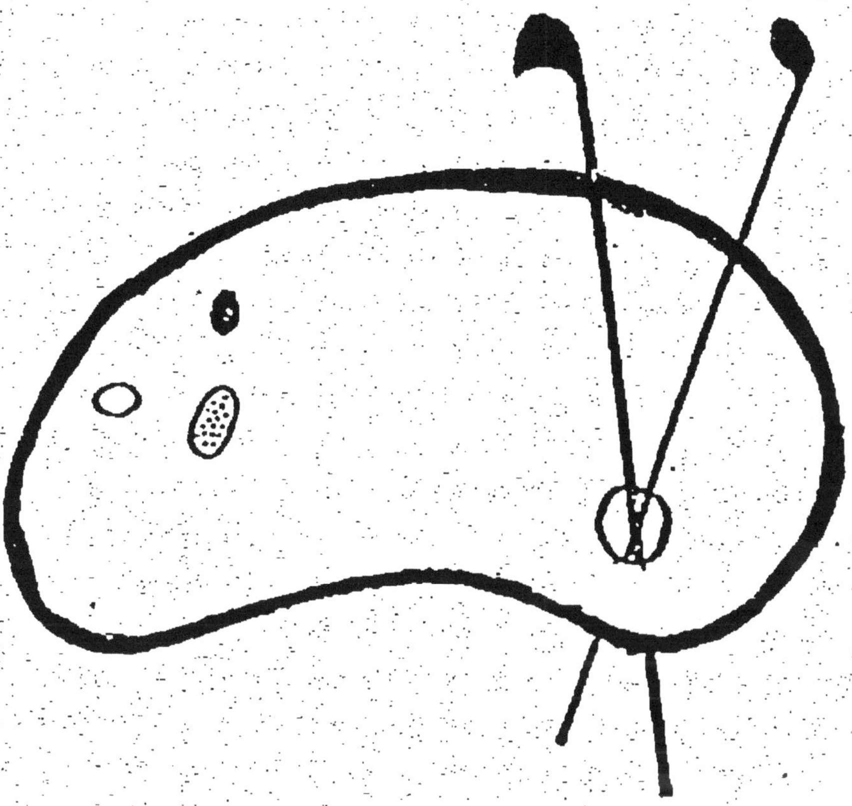

DEBUT D'UNE SERIE DE DOCUMENTS
EN COULEUR

LA SOLUTION
DE
LA QUESTION SOCIALE

Se trouve chez l'Auteur, F. DUBOIS, Rue de la Clef, 30. — PARIS

Prix : 50 centimes.

SOMMAIRE :

COMME PRÉFACE : Programme de la Révélation de la nature. — La Question sociale. — La Solution de la Question sociale. — PIÈCE JUSTIFICATIVE : Où a été prise notre solution. — Le Droit et le Devoir. — Cette solution est-elle possible maintenant. — Ce qui est sûrement possible.

APPEL A L'ORGANISATION : Enrôlement. — AVIS AUX CONSERVATEURS.

CHARTRES. — F. MILAN-LEDUC, IMPRIMEUR, RUE DU SOLEIL D'OR, 21.

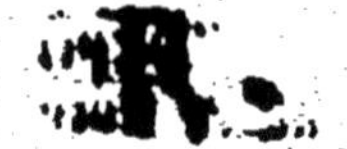

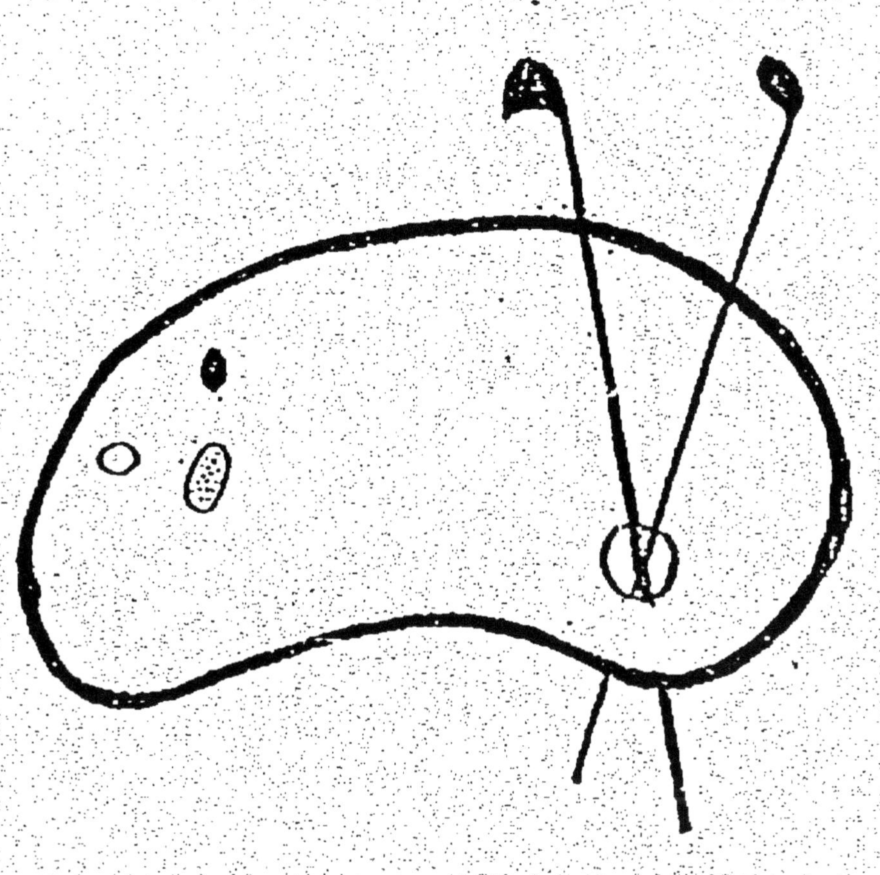

FIN D'UNE SERIE DE DOCUMENTS
EN COULEUR

A L'ŒUVRE, CEUX QUI VEULENT SUIVRE LE
DRAPEAU DE LA LUMIÈRE! — COMMENÇONS
A NOUS ORGANISER!

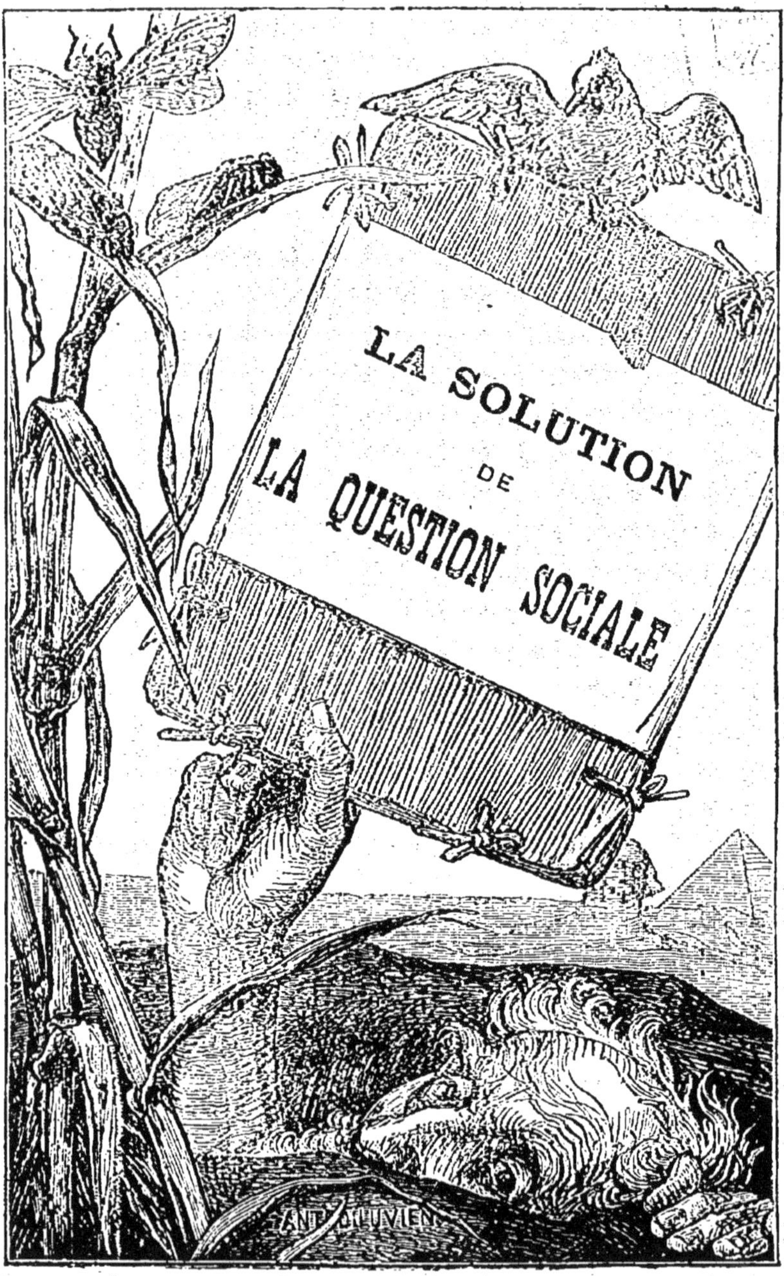

LA SOLUTION
DE
LA QUESTION SOCIALE

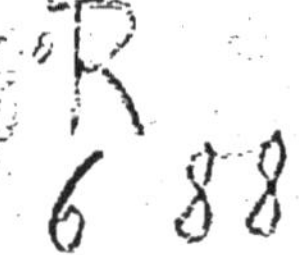

LA SOLUTION
DE LA QUESTION SOCIALE

A TITRE DE PRÉFACE

PROGRAMME D'UNE SCIENCE NOUVELLE.

LA RÉVÉLATION DE LA NATURE

ou

LES QUATRE ÉLÉMENTS DES CHOSES
ET LEURS ENCHAINEMENTS

LA RÉVÉLATION DE LA NATURE est bonne pour les enfants; elle les amusera et instruira en leur montrant des images.

Bonne pour les Étudiants, elle leur apprendra à généraliser et à classer, suivant une méthode très-simple.

Bonne pour ceux qui s'intéressent aux questions sociales, en exposant les différentes phases parcourues par les êtres qui nous ont précédés, elle découvrira ce qui reste à faire pour achever les nôtres.

IV

LA RÉVÉLATION DE LA NATURE, en découvrant la lumière cachée dans la constitution du Monde, amènera la Transformation finale et produira l'Humanité définitive.

Ce prospectus trop court ne serait bien compris qu'après un certain nombre de leçons; il n'est pas inutile en commençant, d'en donner une petite explication,

Vous lisez en tête : *Une Science nouvelle.* Cela peut étonner et trouver des incrédules. C'est bien vrai cependant. Cette science a pour objet de lire et de faire comprendre le livre de la nature, dans ses significations spirituelles; or je ne pense pas que vous connaissiez une science existante qui s'occupe de cela. C'est donc une science nouvelle.

Tous les objets de la création sont des symboles pour nous. Ils montrent comme les caractères alphabétiques, les lettres d'une langue toute en images, la vraie langue universelle, justement parce qu'elle n'est point articulée comme les langues ordinaires. L'enchaînement de ces symboles ou de ces lettres, en guise de mots, produit des idées, et, en lisant, on trouve, selon la portée de son esprit, des instructions très-élevées relativement à ce qui intéresse l'humanité.

V

Le Créateur a fait de l'univers un livre qui sera le *Coran* de l'homme définitif, c'est-à-dire son code religieux et social, qui sera sa lumière, son soleil.

C'est pour cela que le prospectus dit: *La Révélation de la nature, en découvrant la lumière cachée dans la constitution du monde, amènera la transformation finale et produira l'humanité définitive.*

Cela fait supposer que jusqu'ici l'homme n'est pas arrivé à son état définitif, et que savoir lire le livre de la nature caractérisera l'homme futur, l'homme parfait.

En effet l'humanité, avant d'arriver à pouvoir lire le livre de la nature, a eu son enfance ignorante. Elle a du parcourir des phases destinées à produire le développement social et intellectuel nécessaire pour jouir de la lumière de ce livre.

L'enfant venant au monde ignore tout. Ce n'est que peu à peu qu'il se développe et ce n'est pas dès ses premières années qu'on l'arrache à sa mère, pour lui mettre sérieusement les livres entre les mains.

Les religions ont été les mères, les nourrices et les guides spirituels des peuples. Mais elles-mêmes disent qu'elles ne sont faites que pour la vie transitoire, précédant le monde final. En effet elles n'ont été données que pour l'humanité dans l'enfance et l'adolescence, et elles sont constituées de telle sorte, que l'homme, arrivé à un certain développement intellectuel, ne doit plus les trouver suffisantes. Mais c'est surtout parce qu'elles réprouvent ou contrarient les instincts de l'individu, que beaucoup d'hommes s'émancipent de leur religion. La tête et le cœur, arrivant à se donner mutuel appui pour repousser la religion, le torrent des libérés grossit rapidement, malgré les conservateurs qui crient, effrayés des progrès de la dissolution.

Heureusement un nouveau monde meilleur doit sortir de ce désordre.

Le guide surnaturel de la religion n'est plus suffisant !... C'est qu'il est temps d'appeler le guide naturel, préparé dès la constitution du monde, pour l'homme adulte; *la lumière intérieure*. Ce nouveau guide, montrant les enchaînements et les conséquences des choses, saura, mieux que les religions, maintenir l'homme debout, la tête haute, et l'empêcher de s'affaisser dans la dissolution.

Le temps en est venu. Nos révolutions sociales et gouvernementales ont préparé la voie à la pacifique révolution de la lumière. Les sciences naturelles, les servantes de la révélation de la nature, n'étaient pas faites il y a cent ans; depuis cent ans, concurremment avec la révolution française, elles ont surgi et réalisé des progrès immenses. Maintenant les organes qui doivent servir dans le monde nouveau sont prêts; le moment est arrivé de venir au jour final.

Notre science nouvelle ayant pour objet de découvrir la lumière de la création, vous voyez qu'elle est plus sérieuse que vous ne l'avez supposé d'abord.

Si je dis que *la révélation de la nature est bonne pour les enfants,* par ce qu'elle *les amusera et les instruira en leur montrant les images* de l'histoire naturelle, ce n'est donc pas qu'elle soit puérile, c'est qu'il y a à profiter des leçons de la révélation, même au point de vue de l'instruction vulgaire, en attendant qu'on soit capable de comprendre les instructions spirituelles et de s'en servir pour sa conduite, au double point de vue individuel et social.

Si elle apprend aux étudiants à généraliser et à classer, elle n'est pas à dédaigner par eux non plus, au point de vue de l'instruction positive, car on ne sait bien les choses qu'autant qu'on peut les généraliser et les classer.

Enfin les hommes politiques, s'ils daignaient écouter les leçons de la révélation de la nature, ne demeureraient pas à tâtons et presque sans avancer comme on les voit depuis tant d'années.

VIII

La nature en effet, *en exposant les différentes phases parcourues par les êtres* plus pré-
coces, *qui nous ont précédés*, la nature montre
ce que nous avons à devenir, *elle découvrira
ce qui reste à faire, pour achever nos phases
sociales*, à nous qui vivons aujourd'hui et
qui sommes dans le passage de la grande
métamorphose.

Je l'affirme de suite : Tout dans la
nature dit que nous avons achevé nos
phases préparatoires, et que nous sommes
arrivés au moment critique d'une transformation radicale, que bienheureux
seront ceux qui l'affronteront courageu-
sement pour entrer dans l'ordre de choses
nouveau, et qu'au contraire misérables
seront les conservateurs de l'ancien
monde qui résisteront à l'ordre de la
nature.

Avril 1884.

LA QUESTION SOCIALE

Des ouvriers sans travail et sans pain et des magasins qui regorgent.

Des travailleurs qui voudraient jouir aussi, et des conservateurs, forts de leurs anciens droits, qui gardent tout pour eux-mêmes.

Des révolutionnaires qui demandent la collectivité des biens, et des bourgeois qui possèdent le fruit du travail, l'argent et la jouissance et n'en ont jamais assez.

Un nouveau monde, qui voudrait surgir, un ancien monde usé, mais qui se cramponne au pouvoir et refoule le nouveau monde.

Aucune entente jusqu'ici entre ces deux antagonistes. Cependant les microbes de l'égoïsme, agents des décompositions, nous envahissent de plus en plus. La santé du pays est profondément atteinte. Et ce n'est pas assez de notre mal intérieur; expression, faciès de notre vitalité épuisée, le Gouvernement est entraîné, comme par un *tornados*, à nous créer des maux extérieurs. Une fatalité, un esprit d'erreur et de perdition nous *encyclone* malgré nous.

Les révolutionnaires s'agitent pour renouveler la société; mais jusqu'ici ils manquent de la base vitale.

Les conservateurs voudraient conjurer le mal, garder l'ancien régime et la possession du bien. L'égoïsme les aveugle, ils ne font et ne feront que s'opposer au remède.

Le remède serait une entente cordiale entre révolutionnaires et conservateurs, pour une reconstitution sociale sur une base absolument différente. C'est la base qu'on veut d'abord montrer ici; après, nous verrons par quoi il faut débuter.

I.

? ? ? ?

LA SOLUTION DE LA QUESTION SOCIALE.

Est-ce que le Gouvernement ne pourrait pas organiser des travaux d'utilité publique, dans certains centres, pour les ouvriers sans travail ? — La grande culture, les barrages, les canaux, le reboisement surtout tendent les bras. — Ce serait un pis-aller pour plusieurs, parce qu'il faudrait quitter son métier, se déplacer et probablement se contenter d'un salaire modique; mais au moins ils vivraient, de plus ils feraient une œuvre vraiment utile.

Ne pourrait-on pas enrégimenter ces travailleurs à la façon de l'armée? Ils recevraient le vêtement, les outils et le logement. Ils vivraient, comme les soldats, d'une cuisine commune, très-économique par conséquent.

Leurs femmes et leurs enfants, seraient

pourvus, en même temps qu'eux, et employés à côté d'eux. Pourquoi les femmes ne seraient-elles pas aussi enrôlées pour la cuisine, la confection des vêtements, le blanchissage et tous les travaux attribuables aux femmes? Les enfants, avec le vivre et le couvert, recevraient l'instruction de l'école, et, quand ils seraient en âge, ils commenceraient à travailler.

La société ouvrière ainsi constituée serait le vrai foyer de la République.

L'État, pour faire face aux dépenses ne pourrait-il pas créer un impôt spécial, frappant indistinctement et également toute personne au-dessus de vingt ans, qui séjournerait sur le territoire français, et ne ferait pas partie des enrôlés travailleurs, ni de l'armée militaire.

L'impôt personnel proposé ici est l'impôt vraiment démocratique, car il vise, non la fortune, mais la personne du citoyen; il élèverait celle-ci et discréditerait celle-là, il réaliserait l'égalité républicaine.

Si on voulait bien en adopter le principe, et le mettre en pratique, on ne tarderait pas à voir les difficultés qu'il soulève tomber, et l'équilibre s'établir sur une base infiniment meilleure que celle des impôts actuels. Ceux-ci ne sont pas francs. Ils sentent l'odieux parasite, qui ne veut pas tuer son sujet, mais s'ingénie à en tirer sournoisement tout ce qu'il peut, sans trop le faire crier. Pour cela ils se morcellent et se dissimulent autant que possible, mais leur complication aggrave simplement les frais de perception et la charge du patient.

L'impôt actuel convenait à la société dans l'enfance; l'autorité, pour amener celle-ci à ses fins, a été obligée d'user de ruse et de la tromper, comme on use de ruse avec les enfants déraisonnables. Mais cet impôt n'est point l'impôt démocratique, ce n'est point l'impôt bon pour la société devenue intelligente, capable de regarder fixement ses besoins et ses devoirs, et de s'exécuter avec une tranquille assurance.

Si nous sommes arrivés à l'ère démotique, si le peuple doit se gouverner lui-même, il ne peut plus être comme un enfant qu'on leurre, il peut, il doit regarder la vérité en face. Il peut bien se hâter de supprimer une grande partie de l'armée d'employés que nécessitent les multiples et tortueux impôts d'à-présent.

Je sais que malheureusement le peuple est encore bien enfant. Son éducation sociale n'est pas faite. Il faudrait qu'il sentît le besoin d'union et de dévouement, et jusqu'ici nous sommes en plein courant d'égoïsme. Il y a encore au fond du cœur de nos démocrates un bourgeois en herbe, qui regarde d'un œil d'envie le bien du voisin, au lieu du vrai républicain, qui visera le bien général, et travaillera pour la société comme si c'était pour lui-même. Mais, est-ce que ce n'est pas en se voyant en commun, à l'œuvre démocratique, que les citoyens s'apercevront de ce qui leur manque, et prendront goût à l'éducation spirituelle qui leur inculquera l'esprit de dévouement et d'union ?

Pour tout mettre au jour, je dirai que j'ai adressé les trois paragraphes ci-dessus au Président de la Commission des quarante-quatre le 20 novembre 1884, et que huit jours après, le 27 les mêmes paragraphes additionnés de la *note sur l'impôt démocratique* furent remis à un groupe révolutionnaire. La lettre au Président de la Commission au contraire, se terminait par le paragraphe suivant:

Pendant que le Gouvernement reste stationnaire dans ses indécisions, on voit grandir, grandir les révolutionnaires divers, qui veulent d'abord s'emparer du pouvoir, pour organiser d'emblée une démocratie collectiviste. Celle-ci sera éphémère et stérile à son tour, si elle ne reçoit pas un germe vital, qui lui manque jusqu'ici. Mais on ne saurait douter que les révolutionnaires ne soient bientôt les plus forts. Quoique je sois ennemi de la violence, je vois, sans inquiétude, arriver leur triomphe, je le vois même avec joie, car nous ne pouvons pas toujours demeurer dans notre marasme, et je sais que la vie arrivera bien alors à se créer un vrai *nouveau peuple,* au milieu du trouble et de la dissolution de *l'ancien.*

Les conservateurs désireux de prolonger leur existence, s'ils voyaient clair, hésiteraient moins à faire de franches réformes, ils favoriseraient un nouveau et plus sérieux essai d'ateliers nationaux.

NOTE SUR L'IMPOT DÉMOCRATIQUE.

En demandant l'organisation de travaux d'utilité publique, pour les ouvriers sans travail, j'ai dit : « L'État pour faire face aux dépenses, ne pourrait-il pas créer un impôt spécial, frappant indistinctement et également toute personne adulte, qui séjournerait sur le territoire français, et ne ferait pas partie des enrôlés de la nation, soit militaires, soit travailleurs » J'expliquerai en quelques mots comment j'entends cela.

Comme on ne supprimerait pas d'abord les autres impôts, et comme l'impôt démocratique devrait uniquement subvenir aux besoins de la société des travailleurs de l'état, assez restreinte en commençant, cet impôt ne serait pas très-élevé.

Supposons qu'il soit, pour chacun, de 50 cent. par mois, ou 6 fr. par an.

Je ne suis pas au courant des statistiques, mais s'il y a 20 millions de contribuables, il donnerait 120 millions par an, ce serait de quoi alimenter un bon nombre d'ouvriers, et réaliser des travaux déjà d'une certaine importance.

Quant au paiement de l'impôt, il n'y aurait aucun adulte qui ne dut le payer, et tout étranger y serait soumis en abordant le sol français.

Cependant voici quelqu'un qui n'a pas les 50 cent. en question, il n'a pas de quoi vivre ?...

L'affaire est bonne : Celui-là sera enrôlé d'office parmi les travailleurs; il n'aura plus d'impôt à payer; au contraire il bénéficiera de l'impôt : la société sera chargée de le pourvoir de pain et de travail.

Mais il est vieux ou infirme ou malade, il est incapable de travailler ?...

N'importe, qu'il soit enrôlé parmi les travailleurs; il trouvera chez eux les soins qui lui sont nécessaires, et la vie assurée. Après cela, s'il peut rendre quelques services à la communauté, on l'occupera.

Il ne faut pas espérer que les produits de la société puissent alimenter celle-ci pendant sa première période de croissance. Aussi l'impôt de 50 centimes ne devra pas suffire longtemps, d'autant moins longtemps, que par le fait de l'augmentation du nombre des sociétaires, celui des contribuables diminuera, et comme les travailleurs auront à faire face à toutes les nécessités de leurs membres et de leurs entreprises, ils devront pour accroître leurs ressources élever de plus en plus la contribution qui frappera les *non enrôlés*.

On pourra supprimer progressivement les autres contributions, — celles de l'ancien régime, — et de 50 centimes faire monter la perception à 1 fr., à 2 fr., à 5 fr., à 10 fr., à 100 fr. et au-dessus, ceux qui ne pourront payer ayant toujours l'avantage de trouver asile dans la société avec leurs enfants et toutes les personnes à leur charge.

Chacun pourra quitter la société et redevenir libre quand il voudra.

Une pareille combinaison arriverait rapidement à rendre la société maîtresse de toute la fortune, et fatalement tout le pays lui tomberait dans les mains. Tous les rentiers épuisés deviendraient travailleurs et la démocratie universelle serait réalisée sans secousse.

Je n'ai point à entrer dans les détails de l'organisation; je termine en disant que, maîtresse de tout, des hommes et des choses, opérant en grand, employant les

meilleures méthodes et le meilleur outil-
lage, la société réaliserait l'abondance.
L'abondance serait loyalement répartie
entre chacun des membres, et moyennant
un peu de sagesse, il y aurait un grand
bien-être général. N'est-ce pas là ce que
vous voulez ?

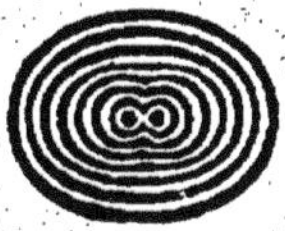

Explication de la gravure : La Révélation représentée par l'enfant veut concilier Démocrates et Bourgeois, figurés par le Bœuf et le Lion, et les transformer. L'oiseau représente les Conservateurs religieux, Juifs, Chrétiens, Musulmans Ils sont autorisés à se sauver. Mais les gens religieux aussi peuvent se transformer et d'ovipares (poissons, oiseaux, reptiles), devenir vivipares, (mammifères) ou citoyens du nouveau monde, monde de l'amour monde plus élevé que l'ancien.

AUX GENS RELIGIEUX

Tous les gens religieux qui ne refusent pas d'entrer dans l'ère du repos et de la jouissance universelle, peuvent avec assurance regarder la lumière. Qu'ils suivent l'ordre de la nature, ils s'en trouveront bien.

Mais le livre en question dans notre frontispice, le livre de la Révélation divine ouvre une porte, pour qu'ils se saúvent, à ceux qui ne veulent pas se transformer, qui tiennent à leurs *pratiques*, et veulent bien les garder éternellement. C'est pourquoi je leur dis : ne lisez pas ce qui va suivre, et d'une façon générale, ne regardez pas la lumière de la nature, fuyez la *Révélation naturelle.* Vous seriez par le fait transformés malgré vous et obligés de changer de vie, sous peine d'être dégradés et perdus ; car on ne doit pas, après avoir vu la lumière, continuer la vie des ténèbres. Est-ce que vous vous sentez la force de rompre avec les pratiques extérieures de votre religion ? — Non. — Sauvez-vous alors ; cachez-vous pour ne point voir, soyez comme l'huître et l'escargot avertis d'un danger ; renfermez-vous.

Dieu pour se réconcilier avec ceux qui ont quitté le monde surnaturel, leur ratifie la jouissance du monde naturel et en même temps il l'ouvre à tous. Si vous ne voulez pas en profiter vous-mêmes, au moins ne la voyez pas d'un mauvais œil chez les autres, et gardez vous d'empêcher ceux des vôtres qui la voudraient. En résistant en combattant l'ordre de Dieu, vous trouveriez le sort des anges rebelles, vous seriez les diables, les ténébreux adversaires du jour naissant. Sauvez-vous donc, cachez-vous pour ne point voir.

II

Pièce justificative.

OU A ÉTÉ PRISE NOTRE SOLUTION DE LA QUESTION SOCIALE.

Simple élucubration d'une pauvre cervelle, ce projet de solution !...

— Détrompez-vous, il a été pris dans le livre de la Révélation.

La Révélation de la nature a servi, mais c'est la Révélation biblique qui a le plus guidé en cela. Ce n'est sûrement pas une traduction littérale, c'est seulement une interprétation, visant à adapter à notre temps et à nos tendances un fait qui se serait passé en Egypte, dix-huit siècles et demi avant notre ère, dans l'histoire de Joseph fils de Jacob.

Vous connaissez l'étonnante histoire de Joseph. Elle débute par de beaux songes qu'il raconte ingénument à ses frères. Il avait rêvé lier des gerbes, avec eux, dans un champ, et il voyait sa propre gerbe se tenir élevée, pendant que celles de ses frères, tout au tour se penchaient pour l'adorer. Il songea une autrefois que le soleil, la lune et onze étoiles l'adoraient.

Dans la vie de Joseph comme dans celle de Nabuchodonosor, la révélation divine se manifeste au moyen de songes. Ces songes montrent certains enchaînements de faits extérieurs, certaines corrélations pouvant frapper l'esprit et mettre celui qui en est l'objet sur la voie, pour connaître des choses naturellement cachées. Ils représentent la révélation divine.

Vous connaissez la haine de ses frères, entrevoyant dans ces songes une menace de domination, de la part du fils de Rachel; vous savez sa captivité en Egypte, l'autorité dont il jouit dans la maison du maître de la milice égyptienne, sa résistance aux sollicitations de la femme de Putiphar et son emprisonnement, sa sagacité pour interpréter les songes et son exaltation sur toute la terre d'Egypte qu'il sauva de la famine.

Toute cette histoire et d'un haut intérêt pour nous, car elle n'est que la figure prophétique de la propre histoire du monde chrétien. Le Créateur l'a produite pour qu'elle nous serve de lumière au temps critique où nous sommes arrivés et que nous y trouvions justement la solution de la question sociale si ardue aujourd'hui.

L'histoire de Joseph figure l'histoire de la lumière ou de l'autorité de Jésus-Christ dans le monde chrétien.

Jésus haï par les Juifs ses frères, surtout parce qu'il se donne pour le fils de Dieu, répond bien à Joseph haï par ses frères à cause des adorations dont il se voit l'objet dans ses songes.

Jésus est mis à mort par les Juifs et enfermé dans un tombeau, comme Joseph est jeté dans une citerne sans eau, et regardé comme mort par son père Jacob.

Joseph tiré de la citerne et vendu aux Ismaélites qui le conduisent esclave en Egypte ressemble au Christ des chrétiens, sortant du tombeau et passant chez les nations.

L'Egypte dans la Révélation biblique représente le gouvernement monarchique et le monde chrétien, tandis que le peuple hébreu, conduit par la lumière divine, représente la future démocratie, qui sera dirigée par la lumière de la création ou la révélation de la nature. Le peuple hébreu est un état embryonnaire, de l'humanité définitive un prélude et une image. Il dut servir en Egypte et en être tiré, comme le peuple longtemps opprimé dans les gouvernements monarchiques doit en sortir pour constituer la démocratie éclairée qui sera l'humanité finale.

Le peuple hébreu est l'opposé et la contre-partie de l'Egyptien, comme la démocratie est la contre-partie de la monarchie. Israël n'a été qu'un petit peuple assez obscur au milieu des grandes nations de l'antiquité ; il n'était fait que pour porter le germe humain. Ce germe passant dans le monde chrétien a été couvé dans le sein ténébreux du surnaturel ; mais voici le temps de venir au jour et de posséder la terre.

Nous devons faire remarquer de plus que les Hébreux entrèrent en Egypte pendant la domination des rois *Pasteurs*. Les Pasteurs n'étaient point de race égyptienne, mais des étrangers. S'étant emparés du pays, ils y régnèrent plusieurs siècles ; ils fournirent la XVe dynastie sur une partie de l'Egypte, la XVIe sur tout le pays, la XVIIe sur une partie. Ils furent chassés par un prince Epyptien déjà roi de Thèbes qui commença la XVIIIe dynastie. Thèbes reconquise par des princes égyptiens, avait commencé la XVIIe dynastie. Ce fut sous un roi pasteur que Joseph fut glorieux en Egypte. Ce fut au contraire sous un roi égyptien que Moïse fit sortir Israël.

Les rois pasteurs représentent le gouvernement républicain d'à-présent. La France est censée être en démocratie ; mais c'est toujours l'ancien régime monarchique qui gouverne. Nous n'avons pas la vraie république. Celle-ci sera constituée par la révélation dont Joseph et plus tard Moïse nous fournissent les images.

Les rois pasteurs représentent donc la démocratie bâtarde d'à-présent. Les pasteurs donnent bien l'idée de démocratie, car les troupeaux dans la révélation signifient le peuple. Mais c'est dans le royaume d'Egypte qu'on les voit, c'est-à-dire dans le pays essentiellement monarchique. Il y a là alliance de deux choses opposées ; les rois Pasteurs en Egypte signifient une république dont les gouvernants suivent les traditions monarchiques ; c'est bien la France actuelle.

Puisque l'Egypte représente l'Europe devenue le monde chrétien, Joseph possédant l'autorité dans la maison du chef de la milice égyptienne, correspond à Jésus-Christ régnant dans les gouvernements chrétiens jusqu'à nos temps. Jésus-Christ incorruptible dans sa morale et sa doctrine est aujourd'hui repoussé du monde *jouisseur*, et relégué par les gounements chez les obscurantistes, dans les maisons cléricales, comme Joseph fut enfermé dans la prison du roi, parcequ'il avait repoussé les propositions de la femme Putiphar. Or si Joseph reçut du gardien de la prison toute autorité sur les prisonniers, n'est-ce pas la frappante image de l'autorité que Jésus-Christ a toujours eue sur tous les religieux chrétiens, sur tous les captifs de la religion ?

Les songes de l'échanson et du panetier de Pharaon devenus prisonniers sous la main du fils de Jacob, nous amènent à la grande transformation qui doit se produire dans notre monde. Le panetier représente les pratiques religieuses et l'ancien régime chrétien destinés à être périmés. L'échanson figure le principe de l'amour et le régime de la jouissance dans la démocratie. Le vin en effet signifie joie et amour.

Le panetier et l'échanson, en prison ont chacun leur songe ou leur révélation, dans la même nuit, car ils sont les deux faces de la religion monéthéiste, la juive et la chrétienne. Celle-ci ayant pour objet d'amasser des mérites en vue de la vie future, celle-là de jouir présentement sur la terre. Ils sont aussi les deux faces du même monde chrétien, la monarchique et la démocratique.

Les deux songeurs racontèrent à Joseph qui les servait, ce qu'ils avaient rêvé pendant la nuit.

L'échanson voyait un cep qui produisait trois grappes de raisin. Lorsqu'elles furent arrivées à maturité, il les cueillit, en exprima le jus dans la coupe de Pharaon et le présenta à celui-ci.

Joseph éclairé intérieurement lui dit : Dans trois jours tu seras réintégré dans ta place d'échanson Souviens-toi de moi, je te prie, lorsque tu seras rentré au grâce, et suggère à Pharaon de me tirer de cette prison, car c'est par un vol que j'ai été arraché de la terre des Hébreux et jeté dans cette fosse.

Le panetier dans son songe croyait avoir trois corbeilles de farine sur la tête, et porter dans la corbeille supérieure, tout ce que savent faire boulangers et pâtissiers, et les oiseaux en mangeaient.

Joseph lui dit : Les trois corbeilles sont trois jours après lesquelles Pharaon t'otera la tête et t'attachera à une croix et les oiseaux déchireront ta chair.

Les oiseaux représentent les disciples du surnaturel, les chrétiens de l'ancien régime. Ils signifient clairement que le panetier figure le monde chrétien. Du reste la croix à laquelle il est attaché, dit assez qu'il s'agit du monde dont la croix est le signe. Les trois jours de prison, en attendant la mort, sont les trois phases du règne des observances chrétiennes, avant la révolution qui amène l'ère démocratique de la jouissance. Les trois mêmes jours de prison, pendant lesquels l'échanson attend son retour à la joie sont le temps de la domination chrétienne.

Les choses étant arrivées comme Joseph

l'avait annoncé, l'échanson heureux aurait du penser à son prophète. Mais il fallait que le temps écoulé depuis la révolution française jusqu'à l'heure actuelle fut représenté dans la prophétie. La révolution française, en principe, a mis fin aux trois phases des pratiques du monde chrétien, et a introduit la démocratie, l'ère de la jouissance, mais en fait l'ancien régime monarchique règne toujours, et la lumière de la révélation, représentée par Joseph, est toujours captive. Joseph demeura donc encore deux ans en prison. *Deux* est le nombre de la quatrième phase et de la démocratie, il représente le temps de la république actuelle. L'échanson figure le gouvernement républicain en France.

Il fallut pour faire sortir Joseph de prison, que Pharaon à son tour eut des songes inquiétants, que ses devins ne purent interpréter.

En une seule nuit, il vit coup sur coup sept vaches grasses, sur le bord du Nil, dévorées par sept vaches maigres, qui n'en furent pas plus grasses, et sept épis superbes, sortant d'un seul pied, qui furent dévorés par sept autres épis misérables, sans que ceux-ci en devinsent meilleurs. Alors l'échanson se rappela l'interprète de son songe et parla de lui à Pharaon.

Pharaon, roi pasteur, est le peuple lui-même, le souverain du suffrage universel, tandis que l'échanson représente les gouvernants.

Joseph amené devant Pharaon, lui donna la solution de ses rêves, avec une simplicité charmante. Les sept belles vaches et les sept gros épis étaient sept années d'abondance, qui· allaient venir pour l'Egypte, les sept vaches efflanquées et les sept épis desséchés seraient sept années de stérilité qui devaient succéder aux premières.

A un point de vue, on peut trouver que les songes de Pharaon représentent la menaçante question sociale désormais posée devant les peuples européens. Les vaches grasses seraient l'industrie des machines et la surproduction qui en résulte; les vaches maigres, la crise commerciale et ouvrière suivant la surproduction. Elles seraient les anarchistes et tous les révolutionnaires qui apparaissent déjà dans le lointain et menacent de dévorer toutes les richesses amassées.

Mais les vaches grasses et les épis pleins suivis des vaches maigres et des épis desséchés signifient autre chose encore. Les épis pleins sont le temps des pratiques chrétiennes, qui doivent être suivies, dans le nouveau monde, du repos absolu de ces pratiques, figuré par les épis vides.

Les vaches grasses (animaux démocra-
tiques) signifient la lumière de la nature
qui sera resplendissante un moment,
pour être suivie après d'une réaction obscurantiste correspondante, comme les
vaches maigres (les crocodiles égyptiens)
à la dure servitude des Hébreux en
Egypte, après la disparition de Joseph,
correspondante aussi aux fatigantes sta-
tions dans le désert, pour Israël, après
les prodiges opérés par Moïse, pour le
faire sortir d'Egypte. Les vaches grasses
sont Osiris, le dieu bon et bienfaisant,
dont le bœuf est l'image, mis à mort par
Typhon, le maudit, le dieu de la stérilité
et de la désolation, des ténèbres et du
désert.

D'une façon générale les vaches maigres
et les épis vides, venant après les vaches
grasses et les épis pleins représentent le
temps de désolation qui suit périodique-
ment les époques de prospérité et de jouissance, comme le jour du repos suit les
jours de travail, comme la nuit suit le
jour, comme l'hiver suit l'été, comme la
mort suit la vie, comme les révolutions
suivent les évolutions. — Mais cette réaction de l'ancien monde passe, et le nouveau monde, le monde supérieur reprend
son cours. Typhon est vaincu par Horus,
fils d'Osiris (le jour renaissant). Moïse
vainqueur de Pharaon tire les Hébreux

d'Egypte, et, après le désert, vient la terre promise.

En témoignage de cette loi, il était ordonné aux Hébreux, devenus possesseurs du pays promis, de laisser reposer la terre la septième année, et de faire rentrer tous les cinquante ans, dans l'héritage de ses pères, celui qui en avait été dépossédé. En exécution de cette loi, les Hébreux quittant l'Egypte, reçurent l'ordre de dépouiller les Egyptiens de tout ce qu'ils pouvaient emporter et, au sortir du désert, de s'emparer de force du pays de Canaan et d'en massacrer tous les habitants qui leur résisteraient. Voilà une loi de la nature qui n'est point faite pour le plaisir des conservateurs. Mais c'est une loi, une loi fatale comme toutes les lois de la nature, il n'y a point à regimber, il faut la subir comme on subit la mort, lorsque le moment en est venu. S'ils n'étaient pas bêtes, ils s'exécuteraient de bonne grâce, ils se sauveraient en se soumettant. C'est ce que la Révélation leur suggère; c'est ce que Joseph suggéra à Pharaon.

Après lui avoir donné l'explication de ses songes, Joseph conseilla au roi de se faire donner et de mettre en réserve, la surabondance de la récolte des sept premières années, afin de se prémunir contre la misère des sept années stériles.

Pharaon crut Joseph, jugea son conseil praticable et bon à suivre et ne trouva rien de mieux que de charger le jeune hébreu de la réalisation de son projet de greniers d'abondance. Il changea le nom de Joseph en celui de Sauveur du monde.

En voyant comment Jésus-Christ aujourd'hui est traité par les anti-cléricaux, si l'histoire de Joseph est, comme nous le soutenons, la figure de celle de Jésus, dans le monde chrétien, nous pouvons penser que nous sommes toujours et plus que jamais, dans le temps qui correspond à l'emprisonnement de Joseph. Jésus-Christ dans son nouveau nom, ou plutôt la lumière de la révélation, dont il est le vrai type, est encore inconnu de la république représentée par Pharaon.

Le nom de Jésus-Christ en effet trop spécial aux chrétiens, dont il est le dieu, disparaîtra comme le nom de Joseph disparut devant celui de Sauveur du monde que Pharaon lui substitua. Jésus-Christ lui-même dans son apocalypse n'a-t-il pas dit qu'il aurait un nouveau nom. A la place de Jésus-Christ mettant le dieu universel et unique des monéthéistes, Juifs, Chrétiens, Musulmans que le nouveau monde doit unifier et aussi de tous les polythéistes qui pourront accepter la lumière de la révélation, on donnera à Dieu un nom général, comme le Créateur, l'Etre souverain, la Nature, le Père céleste et il ne sera plus question de *Jésus-Christ fils de Dieu*.

L'exaltation de Joseph sur toute la terre d'Egypte, nous anonncerait une période de grande prospérité pour la France et pour la démocratie, pendant laquelle la lumière de la révélation posséderait l'autorité. Plaise à Dieu que la France achève de réaliser ainsi l'histoire de Joseph.

C'est pour produire cet heureux temps, que la révélation demande ici à se montrer et à être mise sous les yeux de tous par l'Etat lui-même, parce que c'est l'Etat surtout qui doit en profiter.

Cet heureux temps serait l'âge d'or de l'humanité. Tel fut le règne du révolutionnaire Saturne, après qu'il eut détrôné son père, l'ancien ciel, Uranus, dieu inhumain et obscurantiste, qui empêchait ses enfants, les fils de la terre, de venir au jour. Le dieu Uranus figure le monde du surnaturel chrétien, le même principe que le panetier de Pharaon.

L'Esprit, auteur de tout ce qui se produit dans la nature et dans l'humanité, a déposé en bien d'autres endroits, la même image de la prospérité démocratique, pendant l'ère de la lumière.

La Révélation le fera voir, si on lui donne de paraître.

La lumière de la Révélation est donc

encore inconnue du peuple, quoique nos gouvernants aient reçu de sa part quelques communications. Le panetier Chambord en a reçu une et a disparu, l'échanson le gouvernement républicain actuel a profité de son oracle ; mais le pauvre prisonnier qui l'a servi, qui l'a fait prévaloir et qui s'est recommandé à lui est négligé, oublié.

Voici enfin que la Révélation veut se présenter au peuple lui-même, à Pharaon, et lui faire passer devant les yeux, les tableaux de son avenir, les vaches grasses et les vaches maigres. Parviendra-t-elle à la fin à se faire écouter ?

Les années de famine venues, vous savez comment Joseph, grand intendant des greniers d'Egypte, enrichit Pharaon. Aux dépens des provisions qu'il avait emmagasinées, il acheta toute la terre d'Egypte, tous les bestiaux, tous les hommes, et en fit la propriété du souverain.

Notre solution de la question sociale, moissonnant tout le monde, au profit de l'organisation ouvrière au moyen de l'impôt démocratique, ne trouvez-vous pas maintenant qu'elle a du rapport avec l'opération de Joseph.

Joseph donnant son blé en échange de la terre d'Egypte et de ses habitants arriva sans secousse à rendre Pharaon le propriétaire universel. Est-ce que notre solution n'arriverait pas également, sans secousse, à faire entrer tous les biens du pays dans le domaine de la société démocratique ? Est-ce que nous n'unifierions pas également toutes les fortunes particulières, et une fortune générale ?

Mais je sais assez que, la fin d'un monde arrivée, la plupart des hommes de ce monde périmé ne savent pas profiter de la lumière qui leur est offerte et refusent de se transformer. Je ne me tiens donc point assuré du tout que notre solution sera adoptée et que l'on se mettra à l'exécuter. Seulement je montre que j'ai été fondé à la proposer, et que la nature demande réellement aux hommes d'aujourd'hui d'accomplir volontairement et librement l'étrange renversement social que réclament les révolutionnaires. J'aurai amplement à montrer que s'ils usaient de la lumière offerte, les conservateurs seraient les premiers à bénéficier de la révolution, et que faute de soumission ils seront abîmés.

Que ne nous donne-t-on de faire paraître cette lumière de la révélation qui demande à se montrer ?

Les années stériles de la révolution viendront infailliblement comme l'hiver après l'été, ce n'est pas à les empêcher de venir que devraient viser les conservateurs, mais à faire des provisions contre la famine.

Pareillement les révolutionnaires sachant qu'ils ne garderont pas toujours le pouvoir, quand ils s'en seront emparés, prendraient leurs précautions, pour éviter la finale misère. Bourgeois et révolutionnaires, s'entendraient et se ménageraient réciproquement.

III

LE DROIT ET LE DEVOIR PAR RAPPORT A LA QUESTION SOCIALE.

La question sociale au fond est celle-ci : Comment peut-on arriver, le plus économiquement possible, à donner au peuple le pouvoir et la jouissance, qu'il est en droit de réclamer, puisque son tour est venu ?

Le Clergé la Noblesse, la Bourgeoisie ont eu leur ère de bonheur, celle du peuple doit se montrer enfin.

1° Le *Clergé*, a été souverain pendant la domination romaine, lorsqu'il n'y avait pas encore d'état chrétien. Mais, en fait, il a régné dans le temps de la fondation des gouvernements chrétiens, dans cette France surtout, qui a été faite par ses évêques, dit un historien anglais. Il a régné aussi pendant le Moyen-Age, et encore depuis, jusqu'à nos jours. C'est que le clergé représente essentiellement l'autorité de l'ancien monde, l'autorité premier besoin de l'homme, l'autorité surnaturelle ou religieuse.

2º La *Noblesse,* en principe, a eu son temps au Moyen-Age. Le Moyen-Age a été l'ère de ses exploits, de son travail. Elle est entrée dans le repos de la jouissance à la Renaissance.

3º La *Bourgeoisie,* en principe, a eu son temps à partir de la Renaissance jusqu'à la révolution de 89. La Renaissance a introduit le libre examen et le règne de la *Raison* au-dessus de celui de la *Foi.* Elle a excellé dans les arts et les lettres, toutes choses qui conviennent au bourgeois. Mais en fait, le pouvoir civil, le règne et la jouissance de la bourgeoisie ne datent que de la Révolution française. C'est l'argent et le bourgeois qui règnent maintenant.

Voilà une loi que l'on trouve suivie de toutes parts dans la nature: Un être n'a pas, ou n'a que partiellement sa période de jouissance lorsqu'il arrive. Lorsqu'il débute, son prédécesseur entre en repos, se met a jouir à ses dépens et le tient en tutelle. Il n'aura son tour de jouissance que lorsqu'un autre destiné à le remplacer se montrera. Cela est arrivé pour le Peuple. Si le Peuple, dans la grande Révolution, a commencé par s'arroger le pouvoir et par briser l'ancien régime, il l'a bientôt et bien chèrement payé, en tombant aux mains de l'autoritaire Napoléon. — Talion ! —

4º En principe, le *Peuple* a inauguré son ère à la Révolution française, c'est-à-dire qu'il est en travail depuis là pour régner et jouir.

C'est à cause du peuple, parce qu'elles lui correspondent, que se sont révélées les sciences, et que l'industrie mécanique a pris son grand essor. Les œuvres de l'imagination, ou la littérature et les arts, quoique fort brillantes toujours, pâlissent devant celles des sciences qui préparent l'illumination de la nature positive, et devant celles de l'industrie, destinées à engendrer le repos du travailleur et la jouissance générale. Tout cela appartient essentiellement au peuple ; mais, jusqu'ici le peuple n'en jouit pas, c'est le bourgeois qui possède et jouit, et il n'en a jamais assez. De sorte que, — iniquité révoltante, — l'industrie mécanique, que la nature a livrée à l'homme en faveur du peuple, afin qu'il puisse jouir de l'abondance, tout en travaillant peu, l'industrie mécanique, monopolisée par le bourgeois, ne fait que priver l'ouvrier de travail et l'affamer.

Comme la démocratie est la contre-partie des trois gouvernements précédents ou des trois premières phases, les trois premiers pouvoirs sont revenus lui imposer leur tutelle, après la courte possession du pouvoir de son début. Elle a subi d'abord une restauration de l'autorité, mais de l'autorité transformée. L'autorité était religieuse sous l'ancien régime, elle devint profane et personnelle avec Napoléon. Puis il y eut la vraie *Restauration* clérico-monarchique des Bourbons ; puis la restauration du rationalisme bourgeois avec Louis-Philippe, la restauration napoléonienne en 52, issu de la république de 48, comme le premier empire était issu de la première révolution. Enfin il y a eu la propre restauration de la démocratie, qui nous a montré en présence : Napoléoniens, Légitimistes, Orléanistes et Républicains se disputant le pouvoir. Ainsi se complète l'ère de la jouissance bourgeoise de tous les partis, puisque jusqu'ici le peuple ne jouit pas d'autre chose que du suffrage universel, pour élire les bourgeois qui le gouvernent.

Selon le principe que nous avons exposé, qu'un être se met à jouir du repos lorsque le successeur, destiné à le remplacer, se montre, le tour du peuple est bien arrivé. Ce n'est pas que les bourgeois soient rassasiés, et disposés à lui céder la place, mais l'être qui doit succéder à notre démocratie, c'est-à-dire l'humanité définitive paraissant, avec la lumière de la nature, les conservateurs de l'ancien monde peuvent s'attendre à déchoir, et le peuple enfin doit être appelé à jouir.

Si on acceptait la lumière de la nature,

la solution serait pacifique et avantageuse à tous; mais combien y en aura-t-il, qui accepteront cette lumière?

Cependant, depuis la révolution, nous subissons des évènements bien faits pour nous amener à reconnaître dans la nature, l'ordre que nous avons à suivre, pour accomplir notre destinée. Je veux parler des restaurations diverses qui se sont succédées et du chiffre de leurs durées.

Quoi de plus frappant que les chiffres, quoi de plus précis qu'une date? Eh bien nous voyons une égale durée de 18 ans, pour chaque Restauration, comme pour nous dire : « Lorsque toutes auront » achevé leur nombre d'années, que » voulez-vous attendre de plus de l'ancien » régime? Prenez-en un autre également » indiqué dans la nature et suivez-le. »

Le régime que nous avons à prendre est celui de la lumière et de l'amour, la lumière nous montrant notre voie, l'amour créant l'union démocratique et toutes les vertus sociales.

C'est une chose vraiment étonnante que nos quatre restaurations, durant chacune 18 ans, après les 18 siècles de durée des phases dans leur ensemble.

1º Restauration bourbonienne ou clérico-monarchique de 1812 à 1830. — 18 ans. — Napoléon sans doute régna jusqu'en 1814; mais on peut faire partir sa

chute de la retraite de Moscou le 18 octobre 1812. Le 18 octobre se trouve là
pour indiquer le commencement de la
période de 18 ans. Pendant cette période
Louis XVIII et l'année 1818 me parlent
encore du nombre qui nous occupe.

2° Restauration du rationalisme bourgeois de 1830 à 1848. — 18 ans.

3° Restauration napoléonienne de 1852
à 1870. — 18 ans.

4° Restauration républicaine, actuellement 18 ans passés, quatre ans de 48 à 52
et 14 ans de 70 à 84.

Le 18 brumaire an VIII et le 18 mars 71
sont, parmi bien d'autres notes, des
rappels de la révolution que doit subir
le monde chrétien au terme du nombre 18.

Ce n'est pas sans une raison mysté-
rieuse, que le nombre 18 exprime la durée
du monde chrétien, qui est le monde
du surnaturel et la forme embryonnaire du monde définitif. Le monde chrétien a été l'humanité finale à l'état de
gestation dans le sein des ténèbres du
monde surnaturel. C'est pour cela qu'il a
pour durée un nombre qui a rapport à la
gestation humaine. Dix-huit en effet est
deux fois neuf, *neuf* le nombre de mois que
le fœtus humain passe dans le sein ma-
ternel, avant de venir au jour, *deux* le
nombre de l'organisation animale et du
nouveau monde.

D'autre part *dix-huit*, est *trois* fois *six*. Or *six* est le nombre des jours de travail, précédant le jour éternel du repos, le *septième* jour. *Trois* (la Trinité) est le nombre même de la révélation du ciel ou du surnaturel chrétien, prédécesseur de la révélation de la nature qui a pour nombre *quatre* — les quatre éléments.

Le nombre dix-huit condense donc l'idée de gestation et d'état embryonnaire de l'humanité finale, avec celle de travail ou pratiques religieuses de l'élément surnaturel.

Toutes les périodes de 18 étant passées, le temps est bien venu d'entrer dans le jour de la lumière naturelle. Le temps des pratiques religieuses est passé, celui du repos et de la jouissance générale ou démocratique est arrivé.

Le peuple a droit désormais à la jouissance universelle des biens de la terre, car le peuple, par rapport à l'ancien monde, correspond à l'homme, vis-à-vis tous les autres animaux. Le peuple est le patient qui a courbé la tête devant l'autorité de ses aînés, et qui les a servis. Il a été le petit, mais il a grandi, et il ne veut plus supporter les abus de pouvoir, dont il a été la victime. Il veut se gouverner lui-même, et reprendre à ses aînés, les monarchistes, les biens qu'il leur a donnés et dont ils ont assez abusé.

Le peuple est celui, qui, comme un animal pacifique, a souffert dans le courant des âges, qui a travaillé pour les autres, qui a été dévoré par les puissants. Son tour est venu d'être le maître, de se reposer et de jouir. Il dévorera à son tour, il tiendra en tutelle, il tuera les autres animaux, car la nature le fera homme, par le moyen de la lumière divine de la révélation. Elle le transformera d'animal égoïste et inintelligent, comme les autres animaux, en un être supérieur. Il y aura de l'esprit divin en lui, et c'est lui, qui désormais sera le dieu, le maître de la terre.

Bourgeois qui détenez les biens de la terre, et qui vous en croyez les légitimes propriétaires, la loi de la nature, bien supérieure à toutes vos conventions humaines, déclare que vos droits sont abrogés et qu'ils passent aux mains du peuple. Selon la loi de la nature vous êtes obligés de vous dessaisir de ce que vous possédez, et de le remettre aux mains du peuple, c'est-à-dire de la société en général. Votre résistance vous constituerait en état de rébellion, vis-à-vis le Créateur, vis-à-vis la nature. Voyez si vous vous sentez la force de résister.

Mais comment s'y prendre, pour accomplir un pareil revirement ? Comment dépouiller les bourgeois du pouvoir et de la jouissance en excès chez eux, pour les faire passer aux mains des travailleurs plébéiens et de tout le monde ?

Le moyen *humain*, dépourvu de violence et de déchirements, est indiqué aux premières pages de cet écrit, dans l'organisation proposée d'une société démocratique de travailleurs et d'un impôt démocratique progressif. Il sera indiqué encore, et bien mieux, à la fin de cette brochure.

Mais il y a un autre moyen, *inhumain* celui-là. C'est celui que la nature prendra, si les bourgeois continuent à faire la sourde oreille. La nature dont j'ai proclamé l'ordre, ne dit rien en langage articulé, mais elle agit sans cesse, tant pis pour vous, si vous marchez contre elle. Elle vous fera tourbillonner, comme dans une trombe, elle vous renversera, elle vous écrasera, sous les décombres de vos biens et sous tous les matériaux, qu'elle sait mettre en œuvre. Vous pouvez choisir. Soyez bêtes, si vous voulez et résistez, ou bien, soyez intelligents comme des hommes, et exécutez-vous. Peu lui importe à elle, tout tourne à sa gloire.

Mais comme elle veut commencer le régime de la lumière, elle en use, pour vous montrer sa voie, et pour vous sauver, si vous voulez être enfants de la lumière.

IV

LA SOLUTION DE LA QUESTION SOCIALE
EST-ELLE POSSIBLE
PAR LE MOYEN PROPOSÉ CI-DESSUS.

Est-ce que j'ai espéré voir accueillir ma proposition relative à la question sociale?

Non.

Mon projet a beau donner la solution par un moyen très-simple, sans secousse, sans déchirements violents, il ne pouvait pas être reçu ; les intelligences ne sont pas assez éveillées, et les volontés sont trop lancées en d'autres directions.

Non-seulement les conservateurs, croyant voir leur ruine arriver par là, au bout d'un temps plus ou moins long, devaient le repousser ; mais la masse des révolutionnaires, en faveur desquels il paraît fait, elle aussi n'en voudrait pas, si le Gouvernement, bien inspiré cette fois, se lançait dans une œuvre aussi capitale, et allait offrir aux ouvriers, de les enrôler et enrégimenter dans une société démocratique. (Ce projet adressé, afin qu'on en fît la lecture à un groupe révolutionnaire, aux séances duquel j'avais assisté plusieurs fois, n'a même pas été trouvé bon à lire, dans cette réunion). C'est que nos démocrates avancés, sont eux-mêmes plus bourgeois qu'ils ne pensent ; il leur faut la liberté d'abord, la liberté bourgeoise, la liberté chose essentiellement bourgeoise, et ils ignorent encore que dans la vraie démocratie on sera enchaîné ; enchaînés par l'amour social, il ne sera plus question de liberté. Les révolutionnaires, les anarchistes surtout, ont fait d'autres rêves que l'enrégimentation des travailleurs. Ils aimeront mieux satisfaire leurs appétits et leurs rancunes, dévorer le bourgeois et se rassasier un moment. Du reste le Gouvernement s'y refusant, cette organisation de travailleurs ne peut se faire. Il faudrait, pour qu'elle fut possible, qu'ils s'emparassent eux-mêmes du pouvoir, et s'ils veulent s'en emparer, ce n'est pas pour en profiter si peu.

Chacun veut être un petit bourgeois ; c'est-à-dire être bien libre, et avoir les moyens de faire ce qui plaît : manger, boire, se reposer et s'amuser. Ils ne songent pas que ces appétits-là caractérisent les bêtes nocturnes, les égoïstes, vivant chacune pour soi, chacune à part,

les bourgeois parmi les animaux; tandis
que les animaux diurnes, ayant l'homme
à leur tête, sont dans la voie démocratique qui conduit à l'humanité. Ils tra-
vaillent avec l'homme, vivent sous sa
conduite, et lui donnent leur chair à
manger. S'ils vivent en dehors de l'homme
ils forment au moins des troupeaux qui
ont une apparence démocratique.

Ni les conservateurs, ni les révolutionnaires ne veulent donc de notre solution
pacifique. On ne commencera pas le régime
de la bonne entente, de l'affection et de
l'amour que cette solution réclame. Jusqu'à ce que la bête, c'est-à-dire l'égoïsme
inintelligent, soit remplacée par l'homme
éclairé, elle sera ajournée, et la nature,
de son côté, sera obligée d'amener encore
des bouleversements, qui se vengeront
les uns des autres.

Les révolutionnaires veulent la révolution à main armée, ils la feront, soit; *mais
ils périront par l'épée puisqu'ils veulent se servir
de l'épée;* car il faut que la nature équilibre
les choses.

Ils vont donc faire le déluge sur la terre,
engloutir, bouleverser, détruire; mais,
est-ce qu'ils sont capables d'organiser ce
qu'ils ont vaguement projeté, c'est-à-dire
une démocratie collectiviste? — Oh non !...
L'esprit qui les anime n'est point celui qui
peut édifier la nouvelle société. Ils dispa-

raîtront comme le déluge ; leurs grandes eaux s'évanouiront, passeront je ne sais où ; une réaction les supplantera et la démocratie sera encore obligée de dormir un somme plus ou moins long, pendant que les réactionnaires règneront. Est-ce qu'il n'en est pas généralement ainsi ?

C'est la loi de la nature en effet. C'est ainsi que la grande révolution, supplantée, a été obligée de dormir, pendant que Napoléon, Louis XVIII, Charles X, Louis-Philippe ont passé. En 48, la République s'est relevée pour dire : Me voilà ! Mais Napoléon la mettant de nouveau sous clef, l'a forcée à dormir encore pendant dix-huit ans, et depuis quatorze années leurrée par un Gouvernement trop bourgeois elle dort toujours.

Enfin elle annonce, par la bouche des révolutionnaires, qu'elle se fâche, qu'elle veut se servir de ses mains, et se venger.

Gare à vous, Messieurs les Conservateurs ; vous ne voulez pas faire pour elle ce qu'il faut, tant pis pour vous et tant pis pour elle.

Je dis tant pis pour elle, parce que, encore une fois, la violence engendre la violence et non la vie. On détruit, on ne bâtit pas une maison par la violence. Il faut tranquillement méthodiquement poser des pierres les unes sur les autres, pour élever un édifice ; il faut que la plante pousse insensiblement, il faut que le fœtus de l'animal se développe lentement à l'ombre, dans le sein de sa mère. Mais nos révolutionnaires anarchistes prétendent fonder, tout d'un coup, un gouvernement collectiviste sur tout le territoire français, et cela sans préparation, sans précédents, sans débuts. Leur impatience les égare, ils sont condamnés par ce fait. Vous verrez quelle belle culbute ils feront.

Citoyens, veuillez prendre en bonne part, ces paroles désagréables. Elles sont d'un révolutionnaire qui a étudié, dans le livre de la nature, les lois, l'ordre des choses, et qui voudrait vous mettre en garde contre une catastrophe fatale. Je sais bien que tous les révolutionnaires ne sont pas outrés, comme les anarchistes, qui, il y a quelques jours, proclamaient à la salle Lévis, que le temps de descendre dans la rue est arrivé, et qui engagent à fouler tout de suite aux pieds le respect de la propriété. Mais est-ce que vous aussi, vous ne professez pas, qu'il faut d'abord renverser le gouvernement actuel et que la révolution ne pourra rien faire, jusqu'à ce qu'elle soit maîtresse du pouvoir ?

Permettez-moi, citoyens, de n'être pas de même opinion que vous, et de penser que le régime collectiviste, qui est le régime même de la vie, doit s'organiser d'abord en petit comité, à l'ombre et opérer humblement sous le couvert d'un autre régime, comme le fœtus qui s'organise sous le couvert de la mère qui le porte, jusqu'au moment, où, suffisamment développé, il vient brusquement au jour, forçant l'enceinte étroite, dans laquelle celle-ci le maintient.

Révolutionnaires qui voulez venir au jour, est-ce que vous ressemblez à un organisme qui a subi son temps normal de gestation ? Est-ce que vous êtes organisés, est-ce que vous vous êtes développés à l'ombre, par un fonctionnement régulier de certains organes faits pour la vie embryonnaire ? Est-ce que les autres organes, qui doivent servir lorsque vous serez en possession du pouvoir, sont constitués et tout prêts à fonctionner ?

Le nouveau né, encore longtemps, a besoin de sa mère. Il est nourri de son lait, porté dans ses bras, et pourvu par elle de tout ce dont il a besoin, dans sa faiblesse primitive et son inexpérience.

Dans cet exemple, j'ai parlé de l'animal humain, celui des animaux qui montre le plus le régime de l'amour et vous y remarquez très-bien que le principe de l'amour existe et règne entre l'ancien monde, les parents, et le nouveau monde, l'enfant. Mais quel lien d'amour y a-t-il entre vous et le Gouvernement contre lequel vous déblatérez, et que vous voulez renverser ? Vous n'en êtes donc pas encore au régime de l'amour, qui est le régime des animaux et des animaux supérieurs surtout, les mammifères et l'homme. Vous n'êtes pas sous le régime de l'amour, la question sociale ne peut donc pas avoir la solution que j'ai proposée. Ce n'est pas dans le règne animal, c'est dans le règne minéral, qu'il faut chercher l'image de ce que vous êtes et de ce que vous pouvez faire.

Dans le règne minéral, on voit en effet des révolutions, des bouleversements, comme ceux que vous voulez produire.

Un fleuve, un déluge rompt ses digues et se répand dans la plaine ; il bouleverse le terrain et charrie au loin, jusqu'à la mer le meilleur de la terre. Mais abandonnant bientôt les graviers, le sable et du limon, ceux-ci forment une nouvelle couche, au-dessus de l'ancien sol enseveli Or quel lien d'affection y a-t-il entre celui-ci, l'écrasé, et celle-là, qui l'écrase et ne montre, en guise de supériorité, qu'une decevante stérilité ?

Voilà ce que vous pouvez faire. Seulement, l'eau s'écoulant et disparaissant, avec le repos, une nouvelle végétation se montrera peu à peu dans le limon, entre les cailloux roulés et à travers le sable. Elle s'efforcera de faire disparaître les effets de la révolution. La vie matérielle, semblable au végétal, se hâte toujours de réparer les désastres des révolutions. Puis l'animal vient à son tour, représentant une vie supérieure à la vie purement matérielle, représentant la vie sociale, fondée sur le principe de l'amour.

En résumé, mon projet est repoussé par les ouvriers et par les bourgeois. Les conservateurs bourgeois, confiants dans leurs droits, c'est-à-dire dans l'ordre de choses établi, confiants dans le pouvoir qu'ils possèdent, pour se défendre, et dans la tranquille soumission du grand nombre des travailleurs, ne consentent point à partager ce qu'ils ont. Ils ne favoriseront pas une société ouvrière destinée à les dépouiller peu à peu.

D'autre part, les révolutionnaires sont trop pressés de jouir, ils convoitent depuis trop longtemps une soudaine et large pâture dans la propriété bourgeoise, pour accepter une organisation, qui leur demanderait encore des sacrifices, c'est-à-dire beaucoup de patience, l'abandon d'une partie de leur liberté, une transformation enfin, qui peut sembler pénible comme la mort.

V.

N'Y A-T-IL PAS QUELQUE CHOSE A FAIRE CEPENDANT.

Citoyens, révolutionnaires, je ne crains pas de vous le dire en face : jusqu'ici votre démocratie manque du principe vital qui doit animer la vraie, la future démocratie. Si vous vous emparez du pouvoir vous ne le garderez pas long-temps, parce que vous ne serez pas dans l'ordre de la nature pour durer ; la vitalité vous fera défaut. Vous pouvez, à un moment donné, avoir la violence des élé-ments matériels qui détruisent, vous n'avez pas jusqu'ici l'esprit de vie ou le principe de l'amour, que l'on trouve dans les organismes.

Parce que nous sommes sous le règne de la raison, l'élément bourgeois, vis à vis des trois autres éléments, on croit que la raison suffit à tout ; mais la nature n'entend pas cela, elle veut les quatre élé-ments ensemble, 1° l'intelligence divine, 2° la sagesse religieuse, 3° la raison bourgeoise, 4° l'amour démocratique. La raison bourgeoise est à la fin de son régne, celui de l'amour doit commencer.

Selon le livre de la nature, c'est l'amour qui est le principe de la démocratie. Je pourrais le montrer par des témoignages nombreux, indéfiniment répétés. Il y a dans les choses en général quatre phases répondant aux quatre éléments. La quatrième phase répond toujours à l'amour et toujours à la démocratie.

Les démocrates devraient donc pratiquer les vertus qui dérivent de l'amour, c'est-à-dire le désintéressement personnel, l'union, la concorde, le dévouement social, mais jusqu'ici, c'est l'égoïsme bourgeois qui règne; le peuple est tout imprégné d'égoïsme, comme le bourgeois lui-même.

C'est que l'égoïsme rationaliste est l'atmosphère dans laquelle nous sommes nés, et dans laquelle nous vivons tous actuellement. Chacun veut jouir le plus possible, et comme il ne peut pas compter être pourvu bénévolement du bien qu'il souhaite, par son voisin qui le possède, il tâche d'attirer lui-même ce bien à soi. Donc chacun travaille pour soi. S'il peut, il enchaîne à son service un plus ou moins grand nombre de voisins et il profite de leurs sueurs. Il est alors le vrai bourgeois. Mais les travailleurs enchaînés

malgré eux, également voudraient jouir.
Ils voudraient être bourgeois eux aussi.
Est-ce qu'ils ne le deviennent pas, si le
sort, si l'occasion les favorise ? C'est l'esprit bourgeois, c'est l'égoïsme qui règne
partout. L'égoïsme est l'élément dominant
de notre atmosphère.

Si vous voulez être les vrais démocrates,
il faut absolument changer d'élément. Il
faut passer de l'égoïsme, dans l'élément
opposé, l'amour social. C'est une autre
révolution à opérer, c'est la plus essen-
tielle de nos révolutions. Vous avez fait
des révolutions gouvernementales, le ma-
tériel a commencé; maintenant il faut le
spirituel. Il faut la révolution vraiment
sociale. Il faut pour cela vous révolu-
tionner vous mêmes, au lieu de révolu-
tionner les autres, il faut changer d'esprit,
au lieu de l'égoïsme, il faut pratiquer les
vertus qui dérivent de l'amour.

Vous vous demandez sans doute comment cela pourra se faire, car, en bons
égoïstes que vous êtes, vous estimez ce
qui est solide, et vous ne voyez pas que
les belles idées d'union et de dévouement
social puissent vous donner le positif ter-
restre, dont vous voulez jouir. Vous dites :
Est-ce qu'on peut changer d'esprit ? Est-ce
que l'ouvrier, habitué à souffrir de dures
privations et à désirer un sort plus for-
tuné, se trouvera jamais heureux dans

sa chaîne ? Est-ce que vous voulez qu'il se mette à travailler avec amour pour un patron qu'il a détesté jusqu'ici?

— Je vous demande seulement de prendre le régime de l'amour entre vous travailleurs, et de la patience, vis-à-vis ceux qui vous oppriment.

Vous ignorez encore les secrètes lois de la constitution du monde. Vous ne savez pas que toute chose a sa contre-partie inévitable, et que la jouissance devant équilibrer le travail et la souffrance, vous recevrez infailliblement le salaire bon ou mauvais de ce que vous aurez fait ou de ce que vous aurez été. *Rien ne se perd, rien ne se créé.* Voilà une vérité que les savants ont découverte il y a une centaine d'années et proclamée à propos de la matière. La même chose peut se dire à propos de l'âme et de l'esprit, qui font notre personnalité, bien plus que notre corps; il y a des transformations, mais rien ne se perd.

Après une vie de souffrance, vous disparaissez et l'on croit que vous avez été fâcheusement et injustement malheureux. — Point du tout. Si vous n'avez pas prématurément dissipé votre trésor, vous avez simplement amassé de quoi jouir, dans une autre existence, dans un autre corps que vous revêtirez.

Les religions ont dit cela et elles ont ainsi tenu l'humanité debout. On a fait le bien social, on a évité le mal à cause des récompenses ou des châtiments de la vie future. Mais les religions surnaturelles n'ont plus la croyance des hommes.

Alors voilà que la nature, afin de soutenir l'humanité à son tour et définitivement, se met à dire la même chose à sa manière, et en fournit des preuves *naturelles* innombrables.

Lorsque votre éducation spirituelle sera faite, par la lumière de la nature, vous croirez de nouveau à la récompense fatale du bien et au châtiment fatal du mal, et il vous sera facile de quitter l'atmosphère de l'égoïsme brutal, pour entrer dans celle de l'amour social. Il ne sera pas malaisé de pratiquer ce qu'on a appelé *vertus*, quand on verra que notre bien-être soit particulier, soit général le demande.

Ma conclusion est que la vraie démocratie commencera en s'organisant elle-même en petit, paisiblement, comme la société chrétienne s'organisa au sein du monde romain, luttant contre lui par la patience et par la charité de ses membres, jusqu'à ce que l'empire romain vaincu, se rendit chrétien.

Le mauvais vouloir, ou plutôt l'apathie du Gouvernement bourgeois à votre égard, peut permettre de le comparer au monde des empereurs romains. Mais, vous aussi, vous pourriez vaincre le Gouvernement par la patience, si vous saviez vous organiser entre vous, d'après le principe de l'amour social.

La solution à la question sociale que j'ai donnée, non d'après, une conception personnelle, mais d'après la *Révélation*, suppose entre le Gouvernement et les travailleurs révolutionnaires les rapports qui existent entre parents et enfants ; il suppose le régime de l'affection et de l'amour. Le Gouvernement dévoué pour les travailleurs, comme un père l'est pour ses enfants, les alimenterait tant et si bien, que le pouvoir passerait peu à peu dans les mains de ceux-ci, et que l'ancien régime n'existerait plus qu'à l'état de souvenir, comme l'autorité des vieux parents, remplacés par leurs enfants.

Mais le Gouvernement, au lieu d'être le père, se montre l'adversaire de la société future ; il faut donc s'organiser sans lui, comme le christianisme s'organisa sans l'appui du monde romain, et malgré les persécutions qu'il en souffrait.

Quelques-uns le pourraient faire, j'engage tous les cœurs généreux à s'associer véritablement et à établir la *commune* entre eux. Je n'y compte pas pour la masse. Celle-ci est emportée par la fougue d'une nature encore primitive. Elle est incapable de se vaincre elle-même et de se laisser régir

par des idées spiritualistes. Il faut la laisser
s'user dans les bouleversements. Elle ne
saurait se rallier de suite au régime de
l'amour ; elle s'y ralliera plus tard, semblable aux barbares envahisseurs, dont
elle veut manifestement jouer le rôle.

Les Barbares divers, qui envahirent le
monde romain, représentent assez bien
les divers partis révolutionnaires. Ceux-
ci veulent s'emparer du bien bourgeois,
à peu près comme ceux-là voulaient
s'emparer des richesses de l'empire.
Les barbares triomphèrent du monde
romain, vous aussi, révolutionnaires, je
n'en doute pas, vous arriverez, après une
lutte plus ou moins longue, à vous emparer de l'État. Mais vous n'avez pas, vous
n'introduirez pas le germe vital du monde
nouveau. Ce germe existera seulement
chez ceux qui se seront organisés, selon
le principe de l'amour social. C'est ce
principe, qui finalement triomphera et de
l'esprit bourgeois, et de vous les révolutionnaires destructeurs des bourgeois, et
de vous tous ce principe de l'amour fera
un nouveau peuple, la future démocratie,
l'humanité définitive.

A L'ŒUVRE, *ceux qui veulent suivre le drapeau de la lumière! commençons à nous organiser.*

Citoyennes et citoyens, quels sont ceux d'entre vous qui veulent s'instruire dans la *Révélation de la nature?* Qu'ils viennent se faire inscrire et s'enrôler dans notre troupe. Nous entamerons et nous réaliserons, entre nous, la *solution de la question sociale.*

Le modèle le plus élevé de la société que nous voulons former est le corps humain lui-même, celui des organismes qui offre la plus grande variété et la plus parfaite adaptation des membres à des fonctions spéciales.

Mais nous ne saurions de suite arriver si haut.

Comme le corps, qui se développe lentement, en partant d'un œuf microscopique, ainsi nous mêmes aurons à subir toute une évolution, avant d'arriver à la perfection de l'état adulte.

La première chose est la conception; il faut d'abord que la lumière nous donne

l'idée exacte de ce que nous voulons être
et des moyens pour y arriver. Ce sera
l'objet des enseignements de la Révélation
de la nature. A la lumière des enchaînements de la nature, nous apprendrons à
évoluer, et en voyant ce qui caractérise
les êtres supérieurs, nous voudrons pratiquer la vie d'union, de dévouement, de
travail, de communauté et d'amour dont
le fonctionnement des organismes est un
si beau modèle. Ayant le modèle sous les
yeux, nous adopterons, de nous mêmes,
la forme sociale la plus apte à la réaliser,
et nous irons, de nous mêmes, prendre
dans l'ensemble, la place que nous assi-
gnent nos facultés.

Citoyennes et citoyens, donnez-moi
votre adhésion et vos noms, le reste
viendra avec le temps.

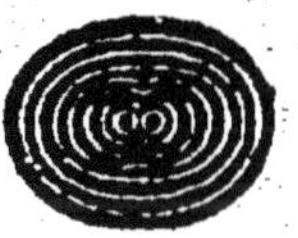

Français DUBOIS.

30, Rue de la Clef, Paris.

CHARTRES
F. MILAN-LEDUC, IMPRIMEUR
Rue du Soleil-d'Or, 21.

AUX CONSERVATEURS

L'association démocratique que la Révélation de la Nature veut produire est sûrement révolutionnaire au point de vue spirituel, car elle établira chez elle le collectivisme et abolira les anciens cultes religieux.

Mais elle est antianarchiste et antirévolutionnaire au sens ordinaire ou au point de vue réel, car elle sera le dérivatif de la Révolution et du désordre. Comme la plante dans le fumier, elle pompera les éléments en dissolution pour les organiser dans une vie nouvelle.

En rejetant de son sein tous ceux qui voudraient continuer les pratiques désormais pétrifiantes des anciennes religions et en acceptant tous les mauvais chrétiens, elle rendra au monde qui veut se maintenir religieux un service qu'il devrait lui-même apprécier. Tous les désagrégés, tous les dissolus, devenant sa terre végétale, ne seront plus un opprobre.

Par contrecoup, elle produira dans tous les partis une réaction qui fortifiera leur vitalité pour un temps. Elle fera leurs affaires, car au lieu de vouloir leur nuire, elle commencera par les servir.

Après cela elle ne craint pas de dire qu'elle espère régner à son tour. Elle peut être patiente, sachant que le règne sur toute la terre et à jamais lui est formellement promis. La vie supérieure sera chez elle. L'humanité plus jeune et plus parfaite qu'elle formera héritera tout naturellement le pouvoir, lorsque les partis, qui doivent le posséder encore, auront fini leur temps, lorsqu'épuisés ils ne sauront plus tenir le sceptre et s'affaisseront.

En attendant, elle a ordre d'être soumise et de servir ceux qui régneront, quels qu'ils soient.

Conservateurs, sachez donc favoriser un auxiliaire si avantageux et utilisez pour vous-mêmes la lumière qui le conduira. Faites-vous, autant que vous le pourrez, disciples de la Révélation de la Nature et tâchez, par votre bienveillance envers ses « Enrolés, » de mériter être ménagés à votre tour, à l'heure fatale de votre ruine. Si vous étudiez avec nous la Nature, vous verrez en effet que vous ne devez pas toujours prospérer et qu'il vous sera rendu le bien ou le mal que vous aurez fait.

6 mars 1885.   F. D.

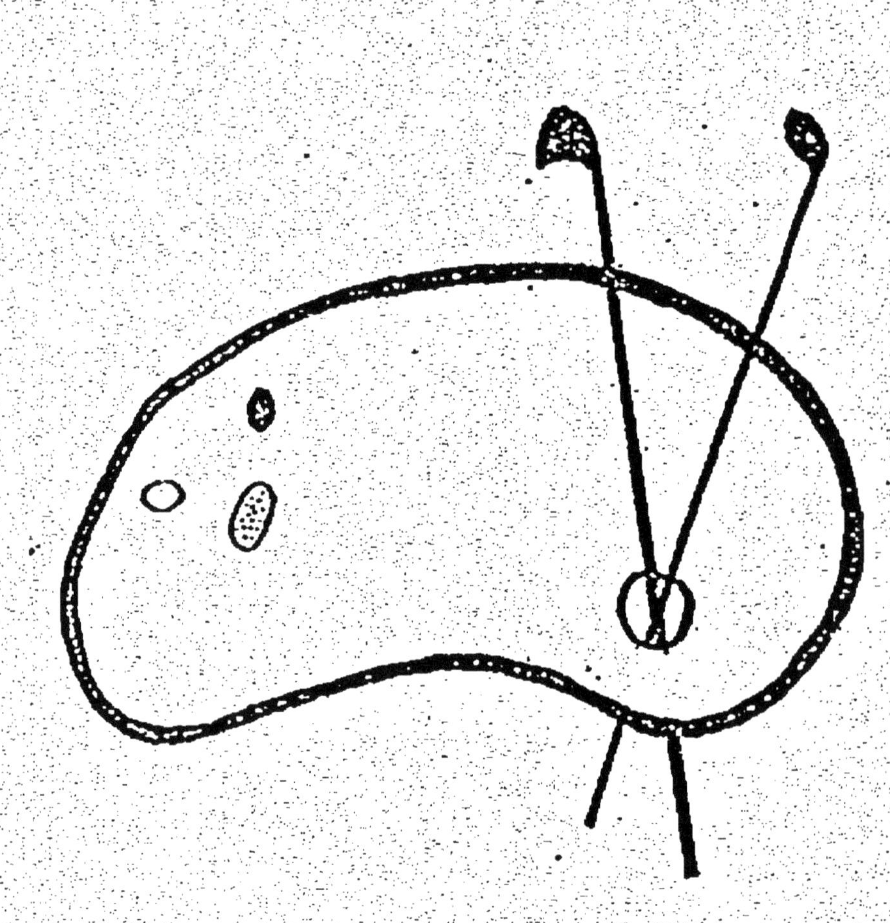

ORIGINAL EN COULEUR
NF Z 43-120-8

www.ingramcontent.com/pod-product-compliance
Ingram Content Group UK Ltd.
Pitfield, Milton Keynes, MK11 3LW, UK
UKHW020942120726
13693UKWH00004B/1491